BEI GRIN MACHT SICH
WISSEN BEZAHLT

- Wir veröffentlichen Ihre Hausarbeit,
  Bachelor- und Masterarbeit

- Ihr eigenes eBook und Buch -
  weltweit in allen wichtigen Shops

- Verdienen Sie an jedem Verkauf

Jetzt bei www.GRIN.com hochladen
und kostenlos publizieren

Valentin Wurth

Produktpolitik als Instrument im Marketing

GRIN Verlag

Bibliografische Information der Deutschen Nationalbibliothek:

Die Deutsche Bibliothek verzeichnet diese Publikation in der Deutschen National-
bibliografie; detaillierte bibliografische Daten sind im Internet über http://dnb.d-
nb.de/ abrufbar.

Impressum:

Copyright © 2012 GRIN Verlag GmbH
Druck und Bindung: Books on Demand GmbH, Norderstedt Germany
ISBN: 978-3-656-25954-1

Dieses Buch bei GRIN:

http://www.grin.com/de/e-book/199475/produktpolitik-als-instrument-im-marketing

GRIN - Your knowledge has value

Der GRIN Verlag publiziert seit 1998 wissenschaftliche Arbeiten von Studenten, Hochschullehrern und anderen Akademikern als eBook und gedrucktes Buch. Die Verlagswebsite www.grin.com ist die ideale Plattform zur Veröffentlichung von Hausarbeiten, Abschlussarbeiten, wissenschaftlichen Aufsätzen, Dissertationen und Fachbüchern.

Hochschule Offenburg
University of Applied Sciences

Produktpolitik als Instrument im Marketing

Seminararbeit

Studiengang Betriebswirtschaft (Master)

Valentin Wurth

Abgabedatum: 24.05.2012

Inhaltsverzeichnis

Abkürzungsverzeichnis

RoI	Return on Investment
SMS	Short Message Service
VW	Volkswagen
strat.	strategisch
RFID	Radio-frequency Identification
Kfz	Kraftfahrzeug
B2B	Business-to-Business

Abbildungsverzeichnis

1. Einleitung

"Wenn der Sturm der Veränderungen bläst, bauen die Einen Mauern und die Anderen bauen Windmühlen und setzen Segel."[1]

Dieses chinesische Sprichwort spiegelt die aktuelle Situation in der globalen Weltwirtschaft mit ständigen Einflüssen von neuen und sich wechselnden Krisenszenarien sehr gut wider. Hinzu kommen sich immer schneller ändernde Trends in der Konsumgesellschaft, auf die Unternehmen mit Innovationen oder Variationen von Produkten reagieren müssen. „Was dies heißt, wird vielleicht am besten deutlich, wenn man sich vor Augen führt, daß sorgfältigen Schätzungen zufolge achtzig Prozent der heutigen Produkte in zehn Jahren vom Markt verschwunden sein werden, während achtzig Prozent der dann gehandelten Erzeugnisse heute noch unbekannt sind."[2] Zwar ist diese These von Scheuing schon 40 Jahre alt, doch darf stark vermutet werden, dass durch immer kürzere Entwicklungszeiten und Produktlebenszyklen diese Aussage immer noch Bestand hat. Des Weiteren bieten Unternehmen ihre Produkte nicht nur in einem regional begrenzten Markt an, sondern vertreiben die Produkte und Dienstleistungen global. Dies bringt neben den auf den ersten Blick positiven Eigenschaften wie wachsende Umsätze und Gewinne auch große Herausforderungen mit sich, die erst auf den zweiten Blick deutlich werden. So müssen zum Beispiel die Produkte in vielen Varianten entwickelt, gefertigt und vermarktet werden um die unterschiedlichsten Bedürfnisse der Kunden in den verschiedenen Ländern zu befriedigen. Des Weiteren kommen unterschiedliche gesetzliche und staatliche Regelungen hinzu, die beachtet werden müssen. Doch selbst lediglich regional agierende Unternehmen müssen aufgrund immer schneller sich ändernder Kundenbedürfnisse und Trends reagieren und produktpolitische Anpassungen vollziehen um nicht ins Hintertreffen zu gelangen. So haben Kunden beispielsweise gesteigerte Qualitätsansprüche, ein höheres Umweltbewusstsein oder sie fordern Value-Added-Services im Sinne von zusätzlichen Dienstleistungen zum Kernprodukt. Das Ergebnis aus diesen neuen Markt- und Umweltanforderungen sind immer kürzere Produktlebenszyklen mit immer kürzeren Gewinn- bzw. Abschöpfungsphasen für die Unternehmen. Aus diesem Grund müssen Betriebe durch ständig angepasste Produkt-

---

[1] Chinesisches Sprichwort
[2] Zit. n. Scheuing, 1972, S. 13

1

und Programmpolitik die Veränderungen positiv im Sinne des zu Beginn angeführten Sprichwortes nutzen um weiterhin wettbewerbsfähig zu bleiben. Untermauert wird diese Notwendigkeit der ständigen Anpassung an die Kundenbedürfnisse durch die Tatsache, dass die Produkt- und Programmpolitik sich direkt aus der strategischen Unternehmens- und Marketingplanung ableiten lassen und somit zu den zentralen Erfolgsfaktoren einer Unternehmung gehören.[3]

Ziel dieser Seminararbeit ist es, den Begriff der Produktpolitik in das Marketing thematisch einzuordnen, Begriffe und Bestandteile der Produktpolitik zu erläutern und die Entscheidungsmöglichkeiten der Produkt- bzw. Programmpolitik aufzuzeigen und zu erläutern, nachdem die entsprechenden Informationen zur Entscheidung ermittelt wurden.

Ziel dieser Arbeit ist es nicht, die Produktpolitik vollständig zu analysieren und Zusammenhänge abschließend aufzuzeigen. Sie soll eher als Einstieg in die Thematik der Produktpolitik dienen um sich einen groben Überblick zu verschaffen um dann gezielt in einem Teilbereich einsteigen zu können.

2. Begriffsklärungen und Einordnung der Produktpolitik in den Gesamtzusammenhang

2.1 Begriffsdefinitionen

Zunächst einmal muss der Begriff des *Produktes* und die dazugehörigen Komponenten geklärt werden. Kotler definiert das Produkt folgendermaßen: „Ein Produkt ist, was in einem Markt angeboten werden kann, um es zu betrachten und zu beachten, zu erwerben, zu gebrauchen oder zu verbrauchen und somit einen Wunsch oder ein Bedürfnis zu erfüllen."[4] Demnach ist ein Produkt mehr als die Summe seiner technischen Komponenten, denn primär möchte ein Käufer eines Produktes einen Nutzen aus dem Kauf gewinnen. Dieser Nutzen lässt sich zum einen unterteilen in einen objektiven Grundnutzen (bspw. Funktionalität, Haltbarkeit oder Sicherheit) und zum

---

[3] Vgl. Meffert, 2000, S. 335
[4] Zit. N. Kotler/ Bliemel, 1995, S. 659

anderen in einen subjektiven Zusatznutzen (z.B. Prestige, Image oder Design). Zur optimalen Befriedigung der Kundenbedürfnisse ist es essentiell wichtig, das Produkt an den Bedürfnissen und Wünschen der relevanten Nachfragergruppe auszurichten und dementsprechend zu konzipieren.[5] Zur Verdeutlichung der Vielschichtigkeit eines Produktes kann die folgende Abbildung 1 unterstützend betrachtet werden, in der die verschiedenen Facetten und Elemente eines Produktes sehr gut visualisiert werden.

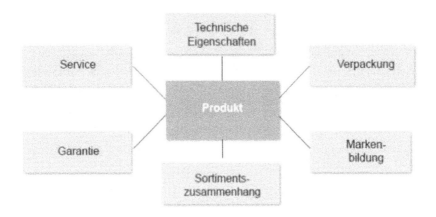

Abbildung 1: Elemente eines Produktes[6]

Welcher dieser verschiedenen Komponenten die höchste Priorität beizumessen ist, hängt zwar stark vom jeweiligen Produkt ab, jedoch lässt sich in den letzten Jahren ein Trend feststellen. So ist zu beobachten, dass die Komponenten „Service" bzw. „Garantie" an Wichtigkeit zunehmen und Unternehmen diese Value-Added-Services nutzen um sich vom Wettbewerb abzuheben und dadurch ein Alleinstellungsmerkmal (Unique Selling Proposition (kurz: USP)) generieren.

Eine weitere weitverbreitete Unterteilung eines Produktes ist die Aufgliederung in Kernprodukt (Kernnutzen des Produktes bzw. der Dienstleistung), reales Produkt

---

[5] Vgl. Wöhe/ Döring 2008, S. 419
[6] In Anlehnung an Wöhe/ Döring 2008, S. 419

(Verpackung, Markenname, Produktdesign,...) und erweitertes Produkt (Schulungen, Aufbau, Installation, Telefonhotline,...).[7]

Als nächstes soll der Begriff der *Produktpolitik* definiert werden. Koppelmann definiert die Produktpolitik als „Gesamtheit der sich auf das Produkt im Rahmen des Marketing erstreckenden Maßnahmen".[8] Eine einfachere Definition stammt von Heribert Meffert, denn er bringt es auf den Punkt; „Produktpolitik – das Herz des Marketing"[9]. Zusammen mit der Preispolitik, der Distributionspolitik und der Kommunikationspolitik bildet die Produktpolitik die absatzpolitischen Instrumente zur optimalen Gestaltung des Marketing-Mix. Ziel des Marketing-Mix ist es, die Nachfrager von einem Angebot bzw. einem Produkt zu überzeugen um die Wettbewerber zu übertrumpfen. Je besser die einzelnen Instrumente aufeinander abgestimmt sind und je zielgerichteter sie eingesetzt werden, desto wirksamer ist ihr Einsatz und desto höher ist der Zielerreichungsgrad der Unternehmens- und Marketingziele.[10] Jedoch nimmt die Produktpolitik in diesem Quartett der 4 P's (Product, Price, Promotion und Place) einen besonderen Platz ein, da die Produktpolitik im Zentrum steht und die anderen Instrumente sich hauptsächlich an ihr orientieren.[11]

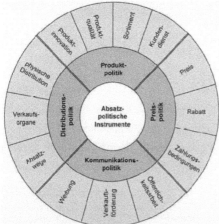

Abbildung 2: Absatzpolitische Instrumente [12]

---

[7] Vgl. Kotler/ Armstrong/ Saunders/Wong 2007, S. 624
[8] Zit. n. Koppelmann 2001, S. 326
[9] Zit.n. Meffert/ Burmann/ Kirchgeorg 2007, S.519
[10] Vgl. Wöhe/ Döring 2008, S. 419
[11] Vgl. Wöhe/ Döring 2008, S. 417
[12] In Anlehnung an Wöhe/ Döring 2008, S. 418

2.2   Ziele der Produktpolitik

Produktpolitische Ziele müssen in enger Abhängigkeit zu den strategischen Oberzielen und den daraus resultierenden Marketingzielen einer Unternehmung formuliert werden um eine abgestimmte Planung aller Marketinginstrumente im Gesamtsystem des Unternehmens sicherzustellen. Grundsätzlich lassen sich die Ziele in zwei Kategorien unterteilen. Zum einen handelt es sich hierbei um die *ökonomischen Ziele* und zum anderen um die *psychographischen Ziele*.[13]

Bei den ökonomischen Zielen handelt es sich hauptsächlich um Sicherung des Unternehmenswachstums in der Zukunft und die Gewinnerzielung durch positive Deckungsbeiträge der verkauften Produkte. Aus diesen beiden Oberzielen lassen sich folgende konkretisierte Unterziele ableiten: [14]

- Gewinn und Rentabilitätsziele (z.B. Erreichung eines Ziel-RoI)
- Wachstumsziele (Absatz, Umsatz, Gewinn)
- Rationalisierungsziele (Degressionseffekte, Synergieeffekte in der Produktion)
- Kapazitätsauslastungsziele (Produktionskapazität, Marketingkapazität)
- Sicherheitsziele (Risikostreuung, Ansprache weiterer Kundensegmente,...)
- Marktstellungsziele (Qualitätsverbesserung, breiteres Produktprogramm,...)[15]

Bei den psychographischen Zielen handelt es sich insbesondere um Ziele in Verbindung mit dem Produkt- und Markenimage oder dem Lieferanten- und Firmenimage.[16] So unterstützt beispielsweise ein modernes, im Trend liegendes Produktdesign das Image eines Unternehmens in Richtung *innovativ* und *jugendlich*. Ebenfalls zu den außerökonomischen Zielen gehören die Steigerung des Bekanntheitsgrades und die Generierung von Produktpräferenzen beim Kunden.[17] Zur Visualisierung des Zusammenhangs zwischen den psychographischen und ökonomischen Zielen kann die Grafik „Ziele der Produkt- und Programmpolitik" im Anhang hinzugezogen werden.

---

[13] Vgl. Meffert 2000, S. 329
[14] Vgl. Uhe 2002, S. 46 f.
[15] Vgl. Meffert 2000, S. 331
[16] Vgl. Meffert 2000, S. 330
[17] Vgl. Sander 2004, S. 353

3. Produktbegleitende Dienstleistungen

Bereits in Kapitel 2.1 bei der Definition eines „Produktes" wurde festgestellt, dass ein Produkt mehrere Ebenen umfasst. Neben der eigentlichen Kernleistung gibt es zusätzliche produktbegleitende Dienstleistungen, die einen Mehrwert für den Kunden generieren sollen. Unter dem Begriff werden „immaterielle Leistungen verstanden, die Anbieter von Sach- oder Dienstleistungen ihren (...) Nachfragern zusätzlich zur originären Leistung mit dem Ziel anbieten, den Absatz der Kernleistung zu fördern."[18] Die produktbegleitenden Dienstleistungen (sog. Value-Added-Services) hängen aber stets mit der Kernleistung inhaltlich zusammen.

Die Einteilung der Dienstleistungen kann durch verschiedene Kriterien erfolgen. Zum einen kann sich die Einteilung an dem Erbringungszeitpunkt orientieren. Hierbei wird zwischen *Pre-Sales-Services*, *At-Sales-Services* und *After-Sales-Services* unterschieden.[19] Eine weitere mögliche Unterteilung wird in der Literatur häufig hinsichtlich der Determination dieser produktbegleitenden Dienstleistung durchgeführt. Ist die Leistung lediglich obligatorisch, weil sie bspw. vom Gesetzgeber gefordert wird oder ist sie fakultativ und wird nicht zwangsläufig vom Markt oder vom Staat erwartet.[20]

Zusätzliche Dienstleistungen sollen zwar primär einen Mehrnutzen für den Kunden stiften, jedoch verfolgen auch Unternehmen gewisse Ziele bei dem Angebot solcher sekundären verbundenen Dienstleistungen. Eine weitere Einteilung kann nach den unternehmerischen Zielen erfolgen: ökonomische oder außerökonomische Ziele. Zu den wirtschaftlichen Zielen gehören insbesondere Umsatzsteigerungen durch wachsende Zusatz- oder Wiederholungskäufe der Kernprodukte. Lassen sich die Dienstleistungen eigenständig vermarkten und vertreiben, so zeichnen sich die Value-Added-Services durch sehr hohe Gewinnmargen im Vergleich zu den eigentlichen Kernprodukten aus.[21] Außerökonomische Ziele zielen eher auf Aspekte wie stärkere Kundenbindung oder eine höhere Weiterempfehlungsrate ab. Auch eine stärkere Kundenintegration oder längere Geschäftsbeziehungen sind derartige Ziele.[22]

---

[18] Zit. n. Backhaus/ Voeth 2010, S.276
[19] Vgl. Backhaus/ Voeth 2010, S. 277
[20] Vgl. Backhaus/ Voeth 2010, S. 277
[21] Vgl. Beutin o. J., S. 301
[22] Vgl. Beutin o. J., S. 301 f.

Nach der begrifflichen Klärung der produktbegleitenden Dienstleistungen sollen noch mögliche Arten der Leistung analysiert werden. In Anlehnung an *Beutin* werden grundsätzlich sechs verschiedene Arten unterschieden. Hierbei handelt es sich um:

1.) Informations-/Beratungsdienstleistungen

Diese Leistungen bestehen, wie es der Name schon deutlich macht, hauptsächlich aus Know-How Weitergabe, Hinweisen und Optimierungsvorschlägen an den Kunden. Diese eher allgemeinen, nicht direkt mit einem gekauften Produkt zusammenhängenden Informationen werden selten bepreist und haben keine großen Auswirkungen auf die Kundenbindung. Bsp.: SMS News oder Newsletter

2.) Logistische Dienstleistungen

Die Wirkung dieser Dienstleistungen auf die Kundenbindung wird häufig unterschätzt, obwohl sie häufig einen erheblichen Anteil an dem gekauften Produkt haben. Unternehmen verschenken hier häufig Umsatz- und Gewinnpotentiale anstatt die Dienstleistungen systematisch zu managen. Bsp.: Ein Abhol- bzw. Bringservice für Autos, der von einer Kfz-Werkstatt angeboten wird.

3.) Technische Dienstleistungen

Fast jedes Unternehmen, das ein technisches Produkt vertreibt, hat diese Art von Dienstleistung in seinem Portfolio, egal ob Firmenkunden- oder Privatkundengeschäft. Problem bei dieser Art ist hauptsächlich die Entscheidung, ob eine Bepreisung stattfinden soll oder nicht. Hierbei muss abgewogen werden, ob die zusätzlichen Einnahmen sich wirtschaftlich lohnen, wenn gleichzeitig der Kunde verärgert wird, wenn eine früher kostenlose Leistung nun gebührenpflichtig ist. Bsp.: Technische Hotlines bei Problemen

4.) Individualisierungsdienstleistungen

Unter dieser Art von Dienstleistungen werden kundenindividuelle Anfertigungen oder Änderungen verstanden. Im Industriegüterbereich handelt es sich hierbei um sog. Spezialanfertigungen oder Sondermaschinen wobei hingegen im Konsumgüterbereich von „maßgeschneiderten" Lösungen gesprochen wird. Diese individuellen Lösungen liefern einen großen Anteil zur Kundenbindung und dementsprechend sind Kunden auch bereit, diesen Service zu bezahlen. Zu bedenken ist hierbei, dass der

Aufwand und die Komplexität dieses angebotenen Service nicht von jedem Unternehmen gemeistert werden kann. Bsp.: Kundenindividuelle Ausstattungen von PKWs

5.) Betriebswirtschaftliche Dienstleistungen

Insbesondere bei Investitionen mit hohem Kapitalvolumen kommen diese Dienstleistungen zum Einsatz. Gerade beim Anlagenbau oder im Privatkundengeschäft im Zusammenhang mit Ratenzahlungen sind diese Value-Added-Services stark gefragt. Die Wirkung auf die Kundenbindung ist sehr stark, da ohne diese Dienstleistungen viele Geschäfte gar nicht zu Stande kommen würden. Kunden sind häufig bereit dafür auch einen gewissen Betrag zu bezahlen, da es für sie die einzige Möglichkeit darstellt einen größeren Kauf zu realisieren. Bsp.: Finanzierungen, Leasing-Verträge, Versicherungen

6.) Bequemlichkeitsdienstleistungen

Diese Art basiert hauptsächlich darauf, dem Kunden den Kauf bequemer zu machen, indem unangenehme Aspekte vom Unternehmen übernommen werden. Die Kundenbindung und die Zahlungsbereitschaft des Kunden, die durch die Zusatzdienstleistung generiert werden, sind besonders hoch, da der subjektive Nutzen erhöht wird. Nicht nur im Konsumgüterbereich sondern auch zunehmend im Firmenkundengeschäft wird diese Dienstleistung angeboten. Bsp.: Privatkundenbereich: Anmeldeservice für Autos

Zusammenfassend lässt sich konstatieren, dass die Zukunftschancen und das Optimierungspotential für produktbegleitende Dienstleistungen sehr hoch sind. Insbesondere die Abschöpfung der Zahlungsbereitschaft der Kunden kann in der Zukunft optimiert werden und somit können höhere Gewinne erwirtschaftet werden. [23]

4. Markenpolitische Ziele und Entscheidungen

Bevor im Kapitel 4.1 auf die genauen Funktionen und Ziele der Markenpolitik eingegangen wird, sollen an dieser Stelle vorab zum besseren Verständnis einige Grund-

---

[23] Vgl. Vgl. Beutin o. J., S. 304-306

lagen erläutert werden. Definieren lässt sich eine Marke als „ein Nutzenbündel mit spezifischen Merkmalen, die dafür sorgen, dass sich dieses Nutzenbündel gegenüber anderen Nutzenbündeln, welche dieselben Basisbedürfnisse erfüllen, aus Sicht der relevanten Zielgruppen nachhaltig differenziert".[24] Dabei soll eine Marke als „ein in der Psyche des Konsumenten verankertes, unverwechselbares Vorstellungsbild von einem Produkt oder einer Dienstleistung beschrieben werden"[25] und sie besteht aus einem Namen, einem Begriff, einem Symbol, einer Gestaltungsform oder einer Kombination aus diesen Bestandteilen und beeinflusst das Kaufverhalten eines Kunden nur dann positiv, wenn er sich einen Nutzenvorteil von dem Kauf verspricht. Aus diesem Grund haben von Unternehmen aufgebaute Marken folgende Hauptfunktionen und Ziele.[26]

4.1 Funktionen und Ziele einer Marke

Durch zunehmende Informations- und Werbeüberflutung der Kunden nimmt eine Marke spezielle Funktionen für den Konsumenten ein um sich besser zurecht zu finden. Primär soll die Marke dem Konsumenten die Identifikation von Produkten erleichtern, was aber nur realisiert werden kann, wenn die Marke bekannt ist und beim Kunden Erinnerung erzeugt. Ebenfalls stellt die Marke eine Orientierung bei der Auswahl von Leistungen und Produkten dar. Kunden orientieren sich an Marken, da sie ihr Vertrauen schenken und somit wird dem Kunden Sicherheit und Qualität suggeriert. Sie soll somit dem Käufer Kompetenz und Zuverlässigkeit beweisen. Darüber hinaus möchte der Käufer eines Markenproduktes eine gewisse Image- bzw. Prestigerealisierung in seinem sozialen Umfeld nutzen.[27] Ebenfalls erfüllt die Marke für den Konsumenten eine gesteigerte Wiederverkaufsfunktion. So erzielen bekannte und qualitativ hochwertige Marken beispielsweise auf dem Gebrauchtwagenmarkt einen höherer Erlös als unbeliebte Marken.[28]

Nicht nur der Kunde verfolgt mit dem Kauf eines Markenproduktes Ziele, sondern auch Unternehmen haben spezielle Absichten mit dem Aufbau einer Marke. Grundsätzlich soll neben primär einer absatzfördernden Wirkung auch Präferenzbildung

---

[24] Zit. n. Burmann/ Meffert/ Koers 2005, S. 7
[25] Zit. n. Meffert 2000, S. 847
[26] Vgl. Burmann/ Meffert (o.J.), S. 164
[27] Vgl. Meffert 2000, S. 847 f.
[28] Vgl. Koppelmann 2001, S. 499

und Differenzierung gegenüber dem Wettbewerb erreicht werden. Ein weiteres Ziel ist es, einen möglichst hohen Anteil an Stammkunden zu erlangen, die sich durch hohe Markentreue und Verbundenheit mit dem Unternehmen auszeichnen. Ein weiterer Vorteil ist die Möglichkeit der differenzierten Marktbearbeitung, welche durch den Einsatz von verschiedenen Marken unterstützt wird. Durch diese Art der Differenzierung lässt sich der preispolitische Spielraum ausnutzen und das Gewinnpotential optimal abschöpfen. Zu guter Letzt soll durch die Einführung einer Marke auch der Unternehmenswert gesteigert werden. Dieser Mehrwert kann zwar nicht bilanziell ausgewiesen werden, wird jedoch beim Verkauf eines Unternehmens deutlich, wenn ein Unternehmen zu einem höheren Betrag wie der bilanzielle Buchwert verkauft wird.[29]

4.2 Markenstrategien

Wenn von Markenstrategien die Rede ist, wird meist zwischen vertikalen und horizontalen Markenstrategien unterschieden. Unter Strategien im vertikalen Wettbewerb versteht man hauptsächlich die Unterscheidung zwischen niedrigpreisigen Gattungsmarken, mittelpreisigen Eigenmarken und hochpreisigen Premiummarken. Diese Untergliederung der Marken findet zumeist bei den Handelsunternehmen statt. Zu diesen drei Handelsmarken kommt noch die klassische Herstellermarke hinzu, welche sich oftmals durch eine Hohe Bekanntheit beim Verbraucher und durch ein eher hohes Preis- und Qualitätsniveau auszeichnet. Handelsmarken hingegen sind zumeist für ein günstiges Preis-Leistungs-Verhältnis bekannt.[30] In dieser Arbeit soll nicht näher auf die vertikale Unterscheidung eingegangen werden.

Bei der Unterscheidung der Markenstrategien im horizontalen Wettbewerb lassen sich folgende fünf Hauptgattungen identifizieren: *Einzelmarkenstrategie*, *Mehrmarkenstrategie*, *Familienmarkenstrategie*, *Dachmarkenstrategie* und *Markentransferstrategie*.[31]

1.) Einzelmarkenstrategie

Entscheidet sich ein Unternehmen für die Einzelmarkenstrategie, so wird jedes ge-

---

[29] Vgl. Meffert 2000, S. 848 f.
[30] Vgl. Meffert 2000, S. 869
[31] Vgl. Meffert 2000, S. 857

führte Produkt unter einer eigenständigen Marke angeboten, die jeweils nur ein Marktsegment besetzt. Vorteil dieser Variante ist in erster Linie die Möglichkeit für jede Marke eine individuelle Markenpersönlichkeit aufzubauen. Trotz dieser Eigenständigkeit lassen sich innerhalb des Unternehmens Synergieeffekte und Kostendegressionseffekte durchaus realisieren. Ein weiterer Vorteil besteht darin, dass Konsumenten keine Querverbindungen zwischen den einzelnen Marken herstellen. So strahlt ein möglicherweise negatives Image eines Produktes nicht auf die restlichen Marken aus. Ebenfalls besteht bei der Einführung einer neuen Marke ein relativ geringer Koordinationsaufwand. Neue Marken können weitestgehend autonom eingeführt und beworben werden. Diese weitestgehend selbstständige Einführung neuer Marken birgt aber auch Risiken und Nachteile in sich. So müssen neue Einzelmarken die gesamten Marketingaufwendungen in allen Produktlebenszyklusphasen alleine tragen. Diese Kosten fallen meist höher aus als bei z.B. der Markenfamilienstrategie, da auf keinerlei bestehende Distributionskanäle oder Bekanntheit im Markt zurückgegriffen werden kann. Weiterhin besteht die große Gefahr, dass Einzelmarken sich im Laufe der Zeit zu Gattungsbegriffen entwickeln (Bsp.: Tempo für Papiertaschentücher oder Uhu für Klebstoffe). Dadurch geht die Markenpersönlichkeit verloren und die Gestaltung der Werbung wird komplizierter. Beispiel für Einzelmarkenstrategie: Henkel (Persil (Feinwaschmittel), dato (Gardinenwaschmittel), Der General (Allzweckreiniger), biff (Badreiniger))[32]

2.) Mehrmarkenstrategie

Der Hauptunterschied zur Einzelmarkenstrategie besteht darin, dass ein Unternehmen in einem Produktbereich mind. zwei Marken positioniert. Hintergedanke, der damit verfolgt wird, ist die Absicherung der Wettbewerbssituation durch Konkurrenz im eigenen Hause. Diese Art der Strategie bietet sich insbesondere für Märkte an in denen keine große Markentreue zu finden ist. Ein weiterer Vorteil für ein Unternehmen kann die zusätzliche Regalfläche im Handel sein. Dadurch werden Markteintrittsbarrieren geschaffen oder Wettbewerber verdrängt. Der große Nachteil den diese Strategie beinhaltet ist die gegenseitige Wegnahme von Marktanteilen. Die Zugewinne des Einen sind die Verluste des Anderen. Des Weiteren werden finanzielle

---

[32] Vgl. Meffert 2000, S. 856 f.

und personelle Unternehmensressourcen nur suboptimal eingesetzt. Beispiel für Mehrmarkenstrategie: Volkswagenkonzern (Seat, Skoda, VW und Audi sind alle in der Kompaktwagenklasse positioniert)[33]

3.) Familienmarkenstrategie

Bei der Markenfamilienstrategie sind mehrere ähnliche Produkte unter einer Marke zusammengefasst. Der Unterschied zu einer Dachmarke besteht darin, dass mehrere Familien parallel existieren. Diese Familien sollten möglichst homogen sein, damit ähnliche Marketing-Mix-Strategien angewendet werden können. Der Vorteil einer Familienmarke ist zum einen die relativ einfache neue Platzierung neuer Produkte innerhalb dieser Familie, da die Akzeptanz und Bekanntheit sowohl im Handel als auch bei den Endkonsumenten bereits vorhanden sind. Der große Nachteil dieser Strategie ist die Gefahr von negativen Ausstrahlungen von verschiedenen Marken innerhalb der Familie. Ein weiterer Nachteil ist der relativ hohe Koordinationsaufwand und die hohe Komplexität bei Marketingaktionen, die die gesamte Familie betreffen. Beispiel für Markenfamilienstrategie: Axel Springer-Konzern mit der Familienmarke Bild (Bild, Bild am Sonntag, Bild der Frau, Sport Bild, Auto Bild)[34]

4.) Dachmarkenstrategie

Nutzt ein Unternehmen die Dachmarkenstrategie, so sind alle Produkte unter einer Marke zusammengefasst. Häufig ist zu beobachten, dass der Firmenname gleichzeitig zur Marke wird und vor allem im Dienstleistungsbereich die Dachmarkenstrategie angewendet wird. Durch die Verfolgung der Dachmarkenstrategie will ein Unternehmen das Floprisiko für neue Produkte minimieren, indem neue Produkte von der bereits vorhanden Akzeptanz profitieren. Ebenfalls besteht bei der Dachmarkenstrategie die große Möglichkeit eine einheitliche Unternehmensidentität aufzubauen. Als besonders nachteilig gilt die Problematik, dass falls ein Unternehmen in unterschiedlichen Märkten aktiv ist, die Konsumenten häufig ein Kompetenzdefizit assoziieren. So entschied sich das Unternehmen „Melitta" die Produkte der Kaffeezubereitung von den Produkten der Müll- und Staubsaugerbeutel zu trennen, nachdem Kunden zögerlich auf die gemeinsame Vermarktung der Produkte unter einer gemeinsamen Marke reagierten. Der negative Aspekt des hohen Koordinationsaufwandes ist noch

---

[33] Vgl. Meffert 2000, S. 858 f.
[34] Vgl. Meffert 2000, S. 861 f.

negativer zu bewerten als bei einer Markenfamilienstrategie. Um den Nachteilen einer reinen Dachmarkenstrategie entgegen zu wirken, kombinieren viele Unternehmen eine Dachmarkenstrategie mit einer Markenfamilien- oder Einzelmarkenstrategie. Beispiel für Dachmarkenstrategie: Dr. Oetker als Dachmarke mit den Einzelmarken Feines Backen, Junge Küche, Moderne Kost, ...[35]

5.) Markentransferstrategie

Durch Nutzung einer Markentransferstrategie soll das positive Image einer bereits im Markt etablierten Marke genutzt und auf ein neues Produkt übertragen werden. Voraussetzung für die Durchführung ist eine imagemäßige Ähnlichkeit zwischen Haupt- und Transfermarke, da ansonsten Imagevermischungen oder sogar Imagegegensätze entstehen können. Durch diese Strategie kann zum einen das Floprisiko durch geringere Markteintrittsbarrieren minimiert werden und zum anderen können Synergieeffekte genutzt und somit die Kosten zur Markenbildung und –pflege reduziert werden. Nachteilig zu bewerten ist jedoch immer das Risiko die eindeutige Markenidentität zu verlieren, falls unterschiedliche Zielgruppen angesprochen werden. Ebenfalls wurde in der Vergangenheit durch viele aufeinanderfolgende Markentransfers ein Glaubwürdigkeitsverlust bei den Konsumenten beobachtet. Beispiel für eine Markentransferstrategie: Camel, Image von Tabakwaren auf Herrenbekleidung und Uhren übertragen.[36]

5. Entscheidungen über Veränderungen des Produktprogramms

Durch die dynamische Entwicklung der Wettbewerbs- und Nachfragesituation sind die Unternehmen gezwungen zeitnah und flexibel auf die geänderten Anforderungen zu reagieren. Besonders der Kernbereich der Produktpolitik beschäftigt sich mit Entscheidungen bzgl. Veränderungen des Produktprogramms. Hierbei stehen verschiedene Entscheidungsalternativen zur Disposition, welche in der folgenden Abbildung drei schematisch geordnet aufgezeigt sind.

---

[35] Vgl. Meffert 2000, S. 862 ff.
[36] Vgl. Meffert 2000, S. 865 ff.

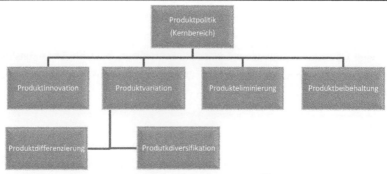

Abbildung 3: Kernbereiche produktpolitischer Entscheidungen[37]

5.1 Produktinnovation

Unter Produktinnovationen werden in der Literatur die Entwicklung von Neuprodukten und damit einhergehenden Änderungsprozesse in einem Unternehmen verstanden. Hieraus wird deutlich, dass Produkt- und Prozessinnovationen eng zusammen hängen und gegenseitige Wechselwirkungen besitzen.[38] Der Begriff der Innovation ist aber bei genauerer Untersuchung immer relativ zu betrachten. So müssen vier Dimensionen analysiert werden um verschiedene Arten der Produktneuheiten zu unterscheiden: [39]

a) Subjektdimension (Für wen ist es neu?)
b) Intensitätsdimension (Wie sehr neu?)
c) Zeitdimension (Wann beginnt und endet die Innovation?)
d) Raumdimension (In welchem Gebiet neu?)

Grundsätzlich haben sich drei Hauptgattungen von Innovationen herauskristallisiert. Es handelt sich um „echte Innovationen" (völlig neuartige Produkte), „quasi neue Produkte" (überarbeitete, veränderte Konzeption eines Produktes) und „Me-too-Produkte" (Nachahmer-Produkte). So ist zwar die Gewinnchance bei echten Innovationen deutlich größer, da zu Beginn eine Monopolstellung existiert doch sind auch gleichzeitig das Floprisiko und die herrschende Unsicherheit deutlich ausgeprägter.

---

[37] In Anlehnung an Wöhe/ Döring 2008, S. 421
[38] Vgl. Meffert 2000, S. 374
[39] Vgl. Lötters/ Kleinhückelskoten/ Pepels 1999, S. 21

Doch egal um welche Gattung es sich handelt, ist der grundsätzliche Innovationsprozess zumeist ähnlich. [40]

Abbildung 4: Phasen im Innovationsprozess[41]

Bei der Festlegung der strategischen Stoßrichtung legt man hauptsächlich das „Wo" und „Wie" der Suche nach neuen Ideen fest. Dabei stößt man auf Fragen nach der späteren Zielgruppe, der strategischen Rolle des neuen Produktes und der Intensität der Einbindung von Kunden in den Innovationsprozess.

Nach der Klärung dieser strategischen Fragen kann mit der Ideenfindung und -bewertung begonnen werden. In dieser Phase stellt sich insbesondere die Frage nach den Quellen der Informationsgewinnung. Zum einen stehen interne Quellen wie Mitarbeiter oder Außendienst zur Verfügung, zum anderen gibt es externen Quellen wie z.B. Hochschulen, Online Communities oder Kunden. Sollen Kunden mit in den Prozess integriert (sog. Lead User Ansatz) werden, gibt es einige Chancen und Risiken abzuwägen. So stehen der Zeit- und Kostenersparnis, Imageverbesserung, Reduktion von Risiken, und kundenorientierten Entwicklung auch Risiken wie bspw. Know-how- Abfluss, evtl. fehlende Repräsentativität oder Opportunismus der Nachfrager gegenüber. Der Bewertungsprozess prüft die Wirtschaftlichkeit und technische Realisierbarkeit der Ideen. [42]

In der Forschungs- und Entwicklungsphase erfolgt die physische Herstellung eines Gutes. In der Regel wird ein Prototyp entwickelt und so lange optimiert, bis er für die Produktion der Nullserie bereit ist. Vor der Einführung wird das Produkt nun erprobt, wobei hier auch wieder der Lead User mit einbezogen werden kann. Sofern der Produkttest erfolgreich absolviert wurde, kann eine Markterprobung, d.h. ein Verkauf in einem begrenzten Teilmarkt erfolgen und nach deren Beendigung steht der Markteinführung mit dem passenden Marketing-Mix nichts mehr im Wege.[43]

---

[40] Vgl. Lötters/ Kleinhückelskoten/ Pepels 1999, S. 21
[41] Eigene Darstellung in Anlehnung an Backhaus/ Voeth 2010, S. 217
[42] Vgl. Backhaus/Voeth 2010, S. 218 ff.
[43] Vgl. Backhaus/Voeth 2010, S. 223 ff.

5.2 Produktelimination

Es gibt grundsätzlich drei verschiedene Typisierungen der Produktelimination. Einerseits die Elimination aus dem Verkaufsprogramm in einem bestimmten Markt, andererseits die komplette Eliminierung aus dem Produktionsprogramm und zusätzlich die Kombination aus Elimination aus dem Verkaufs- und Produktionsprogramm. Um die Entscheidung für eine Herausnahme eines Produktes zu treffen, gibt es verschiedene Kriterien, die geprüft und untersucht werden müssen. Zu den quantitativen Kriterien gehören ein sinkender Umsatz oder Marktanteil, sinkender oder sogar negativer Deckungsbeitrag, sinkender Kapitalumschlag und sinkende Rentabilitäten. Daneben gehören zu den qualitativen Kriterien unter anderem ein zunehmender Wettbewerbsvorsprung der Wettbewerber, der nur mit unverhältnismäßig hohem Einsatz aufgeholt werden könnte. Ebenfalls sollte ein Unternehmen ein Produkt vom Markt nehmen, wenn eine negative Imageübertragung vom Produkt auf das Unternehmen stattfindet, bspw. durch eine negative Bewertung bei einem Produkttest in einer Zeitschrift. Des Weiteren kann eine Trend- bzw. die darauffolgende Bedarfsänderung bei den Nachfragern eine Elimination nach sich ziehen. Auch eine Gesetzesänderung kann eine Produktelimination mit sich bringen, wenn bestimmte Vorschriften für ein Produkt geändert werden.

Trotz dieser Reihe von Kriterien kann eine Eliminationsentscheidung nicht immer eindeutig getroffen werden, da Querverbindungen und langfristige Konsequenzen miteinkalkuliert werden müssen. So können beispielsweise Marktaustrittsbarrieren entstehen, die einen Ausstieg finanziell nicht mehr rechtfertigen (z.B. nicht veräußerbare teure Spezialmaschinen). Außerdem besteht die Möglichkeit, dass Produkte in einem Kaufverbund stehen und bei einer Elimination der Absatz anderer Produkte zurückgeht. [44]

Entscheidet sich ein Unternehmen für eine Elimination, sollte dieser Schritt gut geplant und aktiv an den Kunden kommuniziert werden um eine mögliche Verärgerung oder negative Reaktion vorzubeugen. Gerade im B2B führt eine Elimination häufig zu einer Gefährdung der Geschäftsbeziehungen. [45]

---

[44] Vgl. Lötters/ Kleinhückelskoten/ Pepels 1999, S. 81 ff.
[45] Vgl. Fürst/ Prigge 2010, S. 42 ff.

5.3 Produktdiversifikation

Entscheidet sich eine Unternehmung für eine Diversifikationsstrategie, wird das bisher angestammte Betätigungsfeld erweitert um neue Felder zu bearbeiten. Das sogenannte Ansoff-Schema, das die vier Produkt-Marktkombinationen beschreibt, definiert die Diversifikation als Platzierung eines neuen Produktes auf einem neuen Markt. Unterschieden wird die Diversifikation allerdings nach gängiger Literaturmeinung in *horizontale Diversifikation*, *vertikale Diversifikation* und *laterale Diversifikation*.[46]

Unter horizontaler Diversifikation wird ein Ausbau des bisherigen Produktprogramms verstanden, der fertigungstechnisch, beschaffungswirtschaftlich oder absatzwirtschaftlich mit dem bisherigen Programm in Verbindung steht. Es handelt sich also hierbei um ein Produkt, das die gleiche Produktionsstufe wie das bisherige Programm besitzt. Bsp.: Joghurt und Quark.

Als vertikale Diversifikation wird die Erweiterung des Produktprogramms verstanden, die sich auf eine vor- oder nachgelagerte Produktionsstufe, bezogen auf das bisherige Programm, konzentriert. Bsp.: Joghurt und Milch

Bei der lateralen Diversifikation dringt das Unternehmen in Tätigkeitsfelder vor, die in keinem Zusammenhang zu den bisherigen Aktivitäten stehen. Da die Erfahrungen des Unternehmens bei dieser Art am geringsten sind, herrschen hier die größten Risiken aber auch gleichzeitig die größten Chancen. Bsp.: Joghurt und Kekse [47]

Die hauptsächlichen Beweggründe für Diversifikation sind die Möglichkeit der Risikostreuung und die Nutzung von Synergie- und Verbundeffekten. Die größten Risiken sind die vorab herrschende Unsicherheit und fehlendes Know-how.[48]

5.4 Produktdifferenzierung

Wird von einer Produktdifferenzierung gesprochen, wird damit die Ergänzung des bestehenden Produktprogramms durch weitere Ausprägungen des Produktes beschrieben. Es existiert meist ein Standardprodukt, das dann durch weitere Varianten oder durch Modifikation spezifisch ergänzt wird. Die Abgrenzung der neuen Produkte

---

[46] Vgl. Büschken/ Von Thaden (o.J.), S. 610
[47] Vgl. Lötters/ Kleinhückelskoten/ Pepels 1999, S. 89 ff.
[48] Vgl. Lötters/ Kleinhückelskoten/ Pepels 1999, S. 91

ist sehr vielfältig. Dabei können Produkte über physische oder funktionale (z.B. Materialart oder Haltbarkeit), ästhetische (z.B. Design oder Verpackung), symbolische (z.B. Markenname oder Logo) oder zusätzliche Eigenschaften (z.B. Kundendienst oder Beratungsleistungen) differenziert werden. Die hauptsächlichen Gründe für Produktdifferenzierung besteht zum einen in der Möglichkeit verschiedene Marktsegmente und Zielgruppen zu bedienen. Zum anderen kann ein Unternehmen auch zu Differenzierung „gezwungen" werden, da auf verschiedenen Märkten, in verschiedenen Ländern unterschiedliche Gesetze und Vorschriften gelten.

Die Gefahren in der Differenzierung bestehen einerseits darin, dass Produkte sich gegenseitig kannibalisieren, d.h. Produkte verdrängen sich gegenseitig vom Markt. Andererseits besteht eine weitere Schwierigkeit der Differenzierung darin, dass der Kunde die Unterschiede und den darin enthaltenen Mehrwert erkennen muss, damit er sich für einen Kauf entscheidet. Gelingt einer Unternehmung diese Einzigartigkeit der differenzierten Produkte zu kreieren, besteht gerade darin die große Chance der Produktdifferenzierung. [49]

5.5 Produktbeibehaltung

Bei der Produktbeibehaltung geht es darum, dass eine Unternehmung auf Basis von Analysen eine rückläufige Absatzentwicklung für ein Produkt ermittelt hat. Neben den in 5.1 bis 5.4 erläuterten Reaktionsmöglichkeiten gibt es auch die Option das Produkt in seiner aktuellen Form zu belassen und dafür die Intensivierung der Marketingaktivitäten zu erhöhen um damit eine höhere Marktpenetration erreichen. Eine weitere Ausprägung der Produktbeibehaltung besteht darin, das angebotene Eigenschaftsbündel in unveränderter Form weiterhin anzubieten, allerdings die Vertriebsreichweite auf bspw. internationale Märkte zu erweitern. [50]

Produktbeibehaltung wird insbesondere bei Produkten angewendet, die sehr erfolgreich sind und bei denen eine Veränderung nicht erforderlich oder sogar negativ ist. (z.B. Coca Cola oder Nivea Creme) [51]

---

[49] Vgl. Lötters/ Kleinhückelskoten/ Pepels 1999, S. 92 ff.
[50] Vgl. Böcker/ Helm 2003, S. 259
[51] Vgl. Domschke/ Scholl 2005, S. 206

5.6 Verpackungsgestaltung

Wie bereits in Kapitel 5.4 erwähnt, kann die Verpackungsgestaltung auch als ästhetische Produktdifferenzierung betrachtet werden, doch ist die Art und Weise der Verpackung so wichtig und vielschichtig geworden, dass sie in diesem Kapitel eigenständig untersucht werden soll. Das Verpackungsmaterial bzw. die -art hängt sehr eng mit dem Produkt zusammen und kann sehr stark schwanken, jedoch hat die Verpackung vielschichtige Funktionen, die grundsätzlich bei den meisten Produkten identisch sind.

1.) Rationalisierungsfunktion

Zu der Rationalisierungsfunktion gehören unter anderem die Verbesserung und Optimierung der Transportfähigkeit, Lagerfähigkeit, Robustheit, Stapelbarkeit der Produkte um die Flächennutzung beim Transport und Lagerung zu verbessern.

2.) Kommunikationsfunktion

Unter die Kommunikationsfunktion fällt die Präsentationsfunktion, d.h. Kunden sollen beim Anblick der Verpackung positive Assoziationen über das Produkt erhalten und gleichzeitig sollen Kunden durch die Verwendung von auffälligen Verpackungen das Produkt leichter identifizieren können. Dadurch wird der Kauf für den Kunden erleichtert.

3.) Informationsfunktion

Die Informationsfunktion dient sowohl dem Hersteller als auch dem Kunden. Hersteller nutzen die Verpackung z.B. für die Warenwirtschaft durch das Bedrucken von Barcodes oder Implementierung von RFID Chips. Kunden entnehmen der Verpackung unter anderem Inhaltsstoffe, Gebrauchsanweisungen oder Preisangaben. Durch die Informationen auf der Verpackung wird die Verwendung für den Kunden erleichtert. [52]

Zunehmende Bedeutung bei der Entwicklung von Verpackungen gewinnt der Umwelt- bzw. Recyclingaspekt. Wachsendes Bewusstsein beim Konsumenten und staatliche Gesetze zwingen Unternehmen zu innovativen Verpackungslösungen.

---

[52] Vgl. Lötters/ Kleinhückelskoten/ Pepels 1999, S. 171 ff.

6.　Fazit / Ausblick

Zusammenfassend lässt sich konstatieren, dass die Produktpolitik im gesamten Marketing eine sehr wichtige und im Marketing-Mix selbst die zentrale Rolle einnimmt. Alle anderen Instrumente des Marketing-Mix, die Kontrahierungs-, Kommunikations- und die Distributionspolitik müssen auf die Produktpolitik abgestimmt sein um effizient wirken zu können. Bei der optimalen Gestaltung der Produktpolitik gilt stets zu beachten, dass ein Unternehmen sich nicht auf das konzentrieren darf, was es kann, sondern dass immer die Markt- und Kundenorientierung im Fokus stehen müssen. Ein Unternehmen muss die Produkte anbieten, die vom Konsumenten nachgefragt werden. Diese Kundenorientierung in der Produktpolitik lässt sich zum einen in der Pflege des bestehenden Produktprogramms aber auch in der Innovation neuer Produkte nachhaltig umsetzen. Gerade die Entwicklung neuer Produkte wird künftig immer wichtiger werden, da die Produktlebenszyklen immer kürzer werden. Rasante Trendänderungen und dynamische Entwicklungen der Technologien fordern einen immer schneller werdenden Takt der Produktinnovationen.

Weiterhin beschreibt diese Seminararbeit auch die Vielschichtigkeit der Produktpolitik. Neben den klassischen Entscheidungen über Veränderungen des Produktprogramms spielen heutzutage auch die passende Markenpolitik und die passenden produktbegleitenden Dienstleistungen eine große Rolle. Durch die Globalisierung und die damit verbundene allumfassende Verfügbarkeit von Produkten können Unternehmen sich über die Marke und die Value-Added-Services vom Wettbewerb differenzieren. Somit spielt die Gestaltung dieser Aspekte eine gewichtige Rolle, ob ein (Kern)Produkt erfolgreich ist oder auf dem Markt floppt.

Literaturverzeichnis

Backhaus, K., **Voeth**, M. (2010): Industriegütermarketing, 9. Auflage, München

Beutin, N. (o.J.): Kundenbindung durch Zusatzdienstleistungen (Value-Added Services); in **Bruhn**, M., **Homburg**, C. (2005): Handbuch Kundenbindungsmanagement, 5. Auflage, Wiesbaden

Böcker, F., **Helm**, R. (2003): Marketing, 7. Auflage, Stuttgart

Büschken, J., **Von Thaden**, C. (o.J.): Produktvariation, -differenzierung und -diversifikation; in **Albers**, S., **Herrmann**, A.(2007): Handbuch Produktmanagement, 3.Auflage, Wiesbaden

Burmann, C. Meffert, H (o.J.): Markenbildung und Markenstrategien; in **Albers**, S., **Herrmann**, A.(2007): Handbuch Produktmanagement, 3.Auflage, Wiesbaden

Burmann, C., **Meffert**, H. **Koers**, M. (2005): Markenmanagement – Identitätsorientierte Markenführung und praktische Umsetzung, 2. Auflage, Wiesbaden

Domschke, W., **Scholl**, A. (2005): Grundlagen der Betriebswirtschaftslehre, 3. Auflage, Berlin, Heidelberg, New York

Fürst, A., **Prigge**, J. (2010): Weniger ist mehr; in Absatzwirtschaft – Zeitschrift für Marketing, Ausgabe 4/2010, Düsseldorf

Koppelmann, U. (2001): Produktmarketing – Entscheidungsgrundlagen für Produktmanager,6. Auflage, Berlin, Heidelberg

Kotler, P., **Armstrong**, G., **Saunders**, J., **Wong**, V. (2007): Grundlagen des Marketing, 4. Auflage, München

Kotler, P./ **Bliemel**, F. (1995): Marketing-Management. Analyse, Planung, Umsetzung und Steuerung, 8. Auflage, Stuttgart

Lötters, C., **Kleinhückelskoten**, H., **Pepels**, W. (1999): Produkt- und Programmpolitik, Köln

Meffert, H. (2000): Marketing, Grundlagen marktorientierter Unternehmensführung, Auflage, Wiesbaden

Meffert, H., **Burmann**, C., **Kirchgeorg**, M. (2007): Marketing, Meffert Marketing Editi on,10. Auflage, Wiesbaden

Sander, M. (2004): Marketing-Management, Märkte, Marktinformationen und Marktb arbeitung, Stuttgart

Scheuing, E. (1972): Das Marketing neuer Produkte, Wiesbaden

Uhe, G. (2002): Operatives Marketing, Gezielter Einsatz des Marketi Instrumentariums, Berlin

Wöhe, G., **Döring**, U.(2008): Einführung in die Allgemeine Betriebswirtschaftslehre, Auflage, München

Anhang

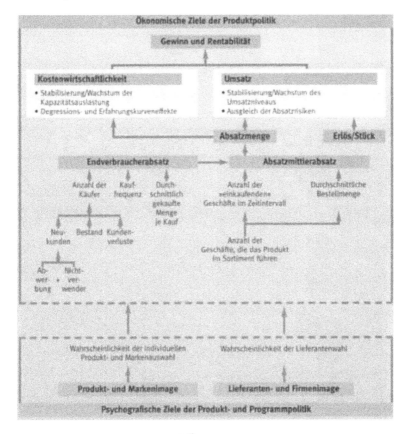

Ziele der Produkt- und Programmpolitik [53]

---

[53] In Anlehnung an Meffert 2000, S. 330